junco

nuno ramos

junco

ILUMINURAS

Copyright © *2011*
NUNO RAMOS

Copyright © *desta edição*
EDITORA ILUMINURAS LTDA.

Projeto gráfico
SANDRA ANTUNES RAMOS

Capa
SANDRA ANTUNES RAMOS E NUNO RAMOS

CIP-BRASIL. CATALOGAÇÃO-NA-FONTE
SINDICATO NACIONAL DOS EDITORES DE LIVROS, RJ

N144j

Ramos, Nuno, 1960-
    Junco / Nuno Ramos. - São Paulo : Iluminuras, 2011 – 2. Reimp. 2019.
    160p. : retrats. ; 21 cm

    ISBN 978-85-7321-348-5

    1. Poesia brasileira. I. Título.

11-2631.   CDD: 869.91
                        CDU: 821.134.3(81)-3

10.05.11   12.05.11   026319

2019
EDITORA ILUMINURAS LTDA.
Rua Inácio Pereira da Rocha, 389 - CEP 05432-011 - São Paulo - SP - Brasil
Tel./Fax: 55 11 3031-6161
iluminuras@iluminuras.com.br
www.iluminuras.com.br

The sea has nothing to give
but a well excavated grave.

Marianne Moore

1.

Cachorro morto num saco de lixo
areia, sargaço, cacos de vidro
mar dos afogados, mar também dos vivos
escuta teu murmúrio no que eu digo.

Nunca houve outro sal, e nunca um dia
matou o seu poente, nem a pedra
feita de outra pedra, partiu o mar ao meio.
Assim é a matéria, tem seu frio

e nunca vi um animal mais feio
nem pude ouvir o seu latido.
Por isso durmo e não pergunto
junto aos juncos.

12-96/01-03

2.

Um junco jogado na praia
um junco dourado, o sol sua mortalha
sobre a rocha, farinha
moída pela água.

Cão-lagarto lambendo algas marinhas
cadáver de uma árvore boiando
sono de uma pedra
luto iluminado e pernas nuas.

Praia cheia de ganidos
e defuntos
cheia de ser luz, espuma
que o mar em ré recusa.

Parede nenhuma, abóbada vazia
ovário e cemitério dos siris.

03-97

3.

Estrutura triturada.
Sal misturado à lava
do mar, minério mole.
Sol pegado à pele
calva do céu. Ruga
de um urubu na espuma.
A chuva
sua
moluscos
na cratera dos sargaços.

05-97/02-06/09-09/04-10/09-10

4.

Salto
de um bicho morto, um cor-
po unha sem cinza ou cimento
mas odor.

Unta, junco
cobre, lenho
salga, sal
o cão no asfalto.

Com a vida-vidro, a vida-bicho
a vida-pedra, mas sem ar dentro.

08-97/02-04/10-06

5.

O dia (leite) talha
a verde antiga planta feita palha
e o vento vela, a chuva caia
peso e pedra, pó e praia.

A proa da canoa
presa no assoalho
de areia é retalho da maré cheia
gravado no cascalho.

Seu naufrágio e cenário
sua cova e ovário.

10-97/12-98/01-03

6.

Sete aves de asas pretas
migram de polo a polo
sobre a nuvem de camurça
que cobre o solo de sal.

Meus ossos, meus passos
restos de um cão grudado
no asfalto aceso pela cal
incandescente do dia

seguem os sete grous
– as asas de areia quente
em voo e queda sobre o mar
urna cinzenta da alegria.

05-99

7.

Não sei fazer do cão uma pedra
dura, da alga um jacarandá
mas sei que alguém
maré ou lua
faz isso por eles. Nada cabe em sua cara
súbita, nós é que olhamos
de perto, como um inseto
deixa a sua marca
begônia, magnólia
ou salamandra na lama. Se há asa
houve voo, afirmo –
aqui dois pardais se amaram
antes da minha chegada.
Aqui jogaram meus restos
pentes de terra, livros de cedro
cobertos
pela vontade vertical das árvores.

01-99/04-07

8.

Perder
perder o pássaro que se protege
ferir sua penugem
contra a grade da gaiola.
Perder é uma argila

misturada a folhas secas
é um mar monótono
de amido e de saliva
o dia amanhecido
num retalho aveludado.

Perder é o selo de uma carta
o toco de um cigarro
o laço da gravata
que a maré depois coleta
na orla sinuosa.

Ou ecos inconformados
assim: eu não, ainda não
não é a minha vez
ainda. Até que em meio
a tanto tecido

morto, molhado
o mineral (que há)
se encrespa
e dorme geológico
dentro de você.

Como um magneto, um megalito
um pâncreas calcário.

02-98/02-04/03-09

9.

O cão sob a cal
tem a língua de sal.

A enguia de areia
presa na rede

seca de sede.
Mas ouve, chove.

01-99

10.

Num leito de lodo
no lento tear do seu curso
meu olho, bulbo
inchado boiando
feito jangada entre os juncos.
Pés transparentes, de polvo
transplante de qualidades
entre cipós e lagartos
semelhança excessiva
entre partes distintas:
uma bebe, outra é bebida
uma transpira, outra é tragada
em tufos aflitos, elipses
de fumo fugindo pela traqueia.
Meu próprio pulmão vira alga
parado sobre a pedra
e renasce naquele pássaro
sem penas
cansado de ser folhagem.
Caligrafia camuflada
de um autor confuso e sonado

que tudo pôde e que tudo pode
prende a renda minuciosa
do próprio bordado
num meio gelatinoso onde cada
um se conforma ao seu nome.
Entretanto o pequeno
pedregulho (em sua anônima
topografia) ecoa contente na concha
acústica do mar de amido
e sem amizade que devora
a carne escamosa que ali demora
seus dias submersos.

Mas não sei criar
novos escolhos
descendo a corrente
para compor um leito
feliz, onde me deite.

04-99/01-03/02-04

11.

Por fazer do mar gelatina
e tirar da areia sua opaca
modelagem
é a ti que canto, polvo
coisa mole e desabitada
pelo arcabouço de uma ossada
pronto para a metamorfose
lagarta transparente
onde recentes bichos humanos
mastigam
estrelas íntimas.
São oito veios de coral
canais de pedra e pistilos
renda
de sifões mínimos
onde sobe o alimento
pelo canudo faminto
que suga caule, areia e sal
e tudo o que cabe
numa manhã solar.

04-99/10-06/03-09/09-10

12.

Punhado de cal dentro da fronha
dente de leite guardado num muro
de areia, corpo esmaltado, cerzido

com sal e amido, partes de um
nome, noites de giz e de sono
sem matéria ou contorno

abrem os braços para mim.

03-99

13.

Corvos
calvos
os alicates das mandíbulas
em pequenas bicadas
(depois saltam nos pés de mola).

Irmãos da matéria
no curso de volta
à confraria
cinza
de antigos corpos.

05-99/01-03/02-04

14.

Para mim a praia
não o que há na praia mas o
buraco-praia, o intervalo-
-sal, o que vai no meio
do grão.

Entre o sol e a fruta cega, obediente
do meu olho.

01-05/02-07

15.

O sono é minha areia
piso nele. É feito feno
engulo ele. É meu planeta
moro nele desde ontem.

Maré que morde esse novelo
que era um homem, nylon
preso pela franja
verde, musguenta.

Sem risada
coisas acordadas
dizem seu nome.
Depois somem.

04-08

16.

A mim foi dado: passo e peso
fole pulmonar, grito
mãos para cardar
como a um peixe seu chocalho
de espinhas. Não foi para ceder
à carniça
mas para amar que me foi dado.

05-99

17.

Ama, disse meu olho
os dois íntimos contrários
areia e mar.

Amo, disse a meu olho
mas não como você quer
azul visão.

Com areia e mar eu amo
a areia e o mar, não
com palavras.

Mas com palavras, disse o olho
amarás mais longe, mais seres, mais
planícies e besouros. Amarás vendo.

Mas sem palavras serei
distinto e contíguo
ao batimento aqui cardíaco −

coração de pedra, coração de musgo.
E me calei, porque conheço
onde há astúcia.

03-07

18.

Eu não explico. Mordo
ou vejo as partes duras
movendo-se como formigas
(sorvete de flocos
guizo de cinzas).

Eu não entendo. Voo
como um tronco pisa
raiz adentro. Aliso
a penugem, inclino
a vassoura, bruxo.

Eu não escrevo. Vivo
como um urubu de feltro
imóvel entre a carniça
dura desses carros.
Bato em vidros

que não há, mas derrubam.
Procuro no núcleo
azul o útero exato
que exala essa fornalha
até mim

o último urubu do mundo.
Furo o vácuo
e minha pálpebra
fecha
feito escudo quando ataco.

02-08/02-09/01-11

19.

O chão é a grande pergunta
haver chão
se tudo voa
e quer cantar.

Haver morte e poeira
cobrindo os lábios carnudos
e gozo
nos fios dos cabelos mortos.

Voltar quando partir
parece o impulso da bússula
parece o recado da ave
parece a cartilha do sopro.

06-08/11-09

20.

Aqui tudo começa
e fica
parecido com.
A mortalha da terra
parece limalha de pó.
A mortalha da carne
parece limalha de sangue.
A mortalha do dia
guarda o sol num buraco.
Erguemos aqui a cidade.
As plantas são nossas (e as queimamos)
as aves são nossas (e as cegamos).
Nosso hino canta essa aridez
– um canto cavo e pesado
feito de sopa, cipó e aço
que afoga os cantores.

05-08/03-09

21.

Um lugar não é um ganido
nem uma voz.
Um lugar é onde
(onde até o fim)
as partes de um corpo crescem.

Um lugar não é uma ave
voando
mas um saco de penas
afundando
é um lugar.

Um lugar não é uma luz
talvez sua sombra
largada no chão.

Um lugar é um chão
que a palavra chão
não pisa nem descreve.

05-08

22.

Dentro do sabão
sebo, soda, eu sei, mas
amor materno
e leite
farão sabão também?

Areia
cheia de espinhas e escamas
mortas, mas dentro dela
nossos corpos
fodendo

(peixes mordendo
polvos
entre gemidos moles
pássaros sem asma
fodendo)

farão sabão também?

05-08/03-09

23.

Não há trigo
mas sal, escamas
na pele de um pêssego.

Meus olhos azuis
bicados
(espinhos e aves)

abrem-se. As mãos
dão
contágio, mas não

– lugar sem pólen.
Canto, isso
posso

e o silêncio, motor
remoto
contra-ataca.

12-10/02-11

24.

Branca
se és branca
caia de branco
como quem espalha
o pó

higiênico
solúvel
adstringente
como quem desinfeta
a boca de quem canta.

Praia
se és praia
então
lava
com tua ressaca

salgada
e cala
cada palavra
dita ou cantada
praia.

06-08

25.

Não a lata
a asa
a marca
da companhia
aérea

mas o voo, o
próprio
salto
feito de areia
ou sal.

Enterrado
em praia ou duna
não o bicho
físico
(o charuto rápido)

mas seu voo
coagulado
feito coisa
visível
no alto.

06-08

26.

M
úsica também tem
órgãos
música também quer chão
morrer
em
paz, música
não é ideia, é
c
omo o cão
que a borracha engole.

Música late.

06-08

27.

Se aumento
o número de palavras
o mundo, meu mundo, este mundo
que me abraça e que respiro
este conjunto de bolhas e besouros
estoura.

Notícia
poema, samba
coração cenário
grafado num tronco:
a cusparada
da chuva sabe mais.

06-08

28.

O cão, velho cão
é tempo
intervalo
entre duas chuvas.

Espatifado
é como sou, serei:
pedaço
de sono

pronto pro assalto.

06-08

29.

Entranha estranha
feita de falsa
matéria dura

é mole, coxa
cega, surda
frouxa

como um casarão sem telhado.

Vozes não
sepultas, sim

cantoras
cantam
nessa carne, meu

pau, pulso
antigo
engole o golfo

de ar
crisântemo
(melhor essa palavra

qualquer palavra
do que a flor
real e malcheirosa

em meu nariz
imundo).
Queria ter morrido junto.

12-09

30.

Um figo seco
na praia onde fungos
úmidos
na praia onde fungos úmidos.

Grão de veludo
preso na bolha
de espuma
boia na capa

do mundo, ilesa
flor perfeita.
Com a ponta do dedo
furo a bolha (amor

perdido)
tocando o mole
informe, sujo
modo da vida breve.

10-09

31.

Rep
ara
nada para
até a casca
das árvores e a pedra
das ostras passam por ti
os ossos
dos mortos, t
eus mortos
todos
– cão, latido, minuto
sapato engraxado
enterro do pai –
alinham-se só
par
a ti, repara
nada para
nem os mortos.

06-08/03-09

32.

As pontas
das coisas
saíram da areia
ó
que belas elas são.
(Eu também sou
e a ponta dos meus cílios
a íris
a unha do meu pé
estão para fora, para fora.)
Posso pisá-las, tocá-las
por isso. Uma coincidência
e tanto.
Posso deitar na areia e
morrer na areia e
dizer à areia o seu nome
porque meu olho é de areia
meu sopro é de areia
meu rim é de areia
também.

06-08

33.

S
aiu
a ponta da proa já
foi, há

vida, siris, pestanas
sono dos mortos
a praia
devolve o poema

costelas
arcadas, não digo
perfeitas, mas a forma
do barco está lá. Há

cabelos ainda (r
ema
navega)
jornal

molhado, velhas
notícias e o gosto
tesudo
da cona de alguém.

02-10

34.

Uma g
oma l
íquida passa dos
postes, há postes, seus
núcleos serenos de luz
para a casca
rugosa da cara, há caras
incendiando a distância
há distância
entre bichos e homens
coisas e nomes.
Uma goma percorre
esse exílio, essa ponte
parada
no ar, p
ele gelada que abraça a distância
e o espaço que morre
com meu peito
pulmão
e as folhas verdes das árvores.

06-08

35.

Um poema se fez!, aviso
num pito
voltem à praia onde juncos
moles, brancos
aspargos sobre carvalhos mortos
boiam formando palavras
num espelho de algas
moídas com olhos enormes.
Voltem à praia onde cães
predando os próprios ossos
como donos do sol
riem de nós, mas por nós.
Ali encontrarão minha cara.

Cansados, pregados
ao chão, viúvos
obesos, orelhas
abertas à espreita
apenas
espantam o poema.

06-08/03-09/10-09/03-10

36.

As horas adversas
eu
maestr
o delas devo colocá-las no funil

de mil
matérias
devo obrigá-las a obedecer-
-me, obedecer-

-me até que cansem
de sua vidinha adversa
e cedam ao meu
(só meu) comando.

Então sentirei falta
g
enerosamente sentirei falta
do pulso surdo do meu

medo noturno ou
outonal
não faz mal, sentirei
falta dele, do

rumor de vel
udo escuro com franjas de flor e luto
que mora no meu
dentro do meu

das penas do meu
(t
ímpano)
travesseiro.

06-08/04-09

37.

Tão nítida que pus as lentes negras:

Praia
formada por palavras
montes de palavras
dejetos de palavras
mascadas, cuspidas

que o vento arrastava
e tecia
formando
(incrível!)
poemas.

Eu, ai, movia sozinho
os montes de poeira e signo
com a matéria dos meus braços
e pás, as
pás

eram parte desses braços
cavando
covas
onde pudesse achar
melancolia muda.

06-08/03-09

38.

Girassol, não coberto
pela areia
mas sulcando

nas veias
areia apenas.

Flor com sangue

sólido, pedaço
sozinho
de lua

guiado pelo sol
calcário
que ilumina

peso.
Amarelo
cego, gêmeo

do lugar
âncora cr
avada

(espinho
exato)
onde crê olhar.

2-10

39.

O que de mim se ouve
em voz e canto não é sopro
mas baba
grossa, seu unguento
preso numa concha
pendurada em minha orelha
derramando
veneno
no tímpano.
O que de mim se toca
não é tato, nem a ponta
dos meus peitos
ou a glande
sensitiva, buscando
cona
não, é a cobertura
de pistache
que vaza o vidro da vitrine
na loja de retratos e talheres.
É a gola do pulôver
a gosma leve
da mercadoria que me chama

pelo nome
borboleta, mariposa, barbatana
paralítica
todo dia
para a morte.
O que de mim se ama
não sou eu, é esse nome
cobrindo o baque surdo
tique
taque
que roda aqui, ó (eu mostro)
bem aqui, ó
redondo
sob a blusa
pá escavadeira (eu mostro)
cavando
o peito pântano onde dormem
troncos sólidos e cachorros mortos.

2-10

40.

Cala, peço
pio
de ave
rumor de um sal imenso.

Cala que não aguento
nem um grama a mais
de ruído
ou sentimento.

Ficarei aqui entre os
juncos
moles
barcos submersos

cabelos
afogados
que renascem.
Ficarei como se as algas

boiando
fossem cal cauterizando.
E não preciso consolo
nem carícia

– minha astúcia
faz do luto, minuto
de silêncio
imenso

um canto caudaloso e úmido.

06-08/04-09/11-10

41.

Nunca houve
vácuo, nunca um
nada vago

varou a forma que uma ruga
não enchesse
logo de pele.

Tudo é cheio
grudado ao vizinho
o ovário sozinho

viaja no rádio.
Dizemos ó
e nosso corpo

expande a baía
badala a amídala
de um sino contínuo

– um sol gelatina
que enche a retina
não de luz, mas de fala.

06-08/03-09

42.

Afeto
afagos
malícia, mão
na pança, palavras

para causar
ganidos ou mexer
o rabo –
cuidado

com carros
matamos
e deixamos
no asfalto.

2-10/9-10

43.

Depois que ovos e sóis se abriram
(as cascas quebradas
moídas feito areia)

anunciando um dia próprio
pessoal, intransferível
no formato circunflexo do meu rosto

depois que a chuva
envolveu minha figura
como um casaco cálido

e enfrentei sozinho
o veio escuro que unia
dente e olho

foz e química
poça e lume
pus e trigo

com a tesoura que o acaso
quis parasse em minhas mãos
quando parecia

a mim ao menos parecia
a cara bege da areia superada
e um amarelo único

vindo da bota de Van Gogh
inundava os olhos dos cachorros vivos
(estavam todos vivos

agora, e viam, me viam
e a meu amor petróleo
ganindo por eles)

um apito, sim
um apito soou na imensa foice
ou praia.

Basta, dizia
como o de um guarda num campo
de prisioneiros

ou o martelo de um juiz
infeliz
o soco de um idiota

na mesa ou a mijada de um lobo
humano.
Fora daqui, dizia

como se falasse em meu ouvido
ao som de uma lixa
tragada na garganta.

A carne
meiga, a grande boceta
a palavra de manteiga

o dado transparente
suspenso, ainda em movimento
sem resultado ou sentença

olha
repara
ausculta

essa riqueza sobrante a toda pérola
essa ciência sublime e formidável
mas hermética

essa total explicação da vida
— tudo se perdeu, bateu
na trave.

Sentia falta, agora
da velha frase
de um antigo samba

colado ao caramujo
com a morte dentro
que cantava em meu ouvido

desde pequeno.
Sentia falta, é verdade
desse espanto em que sofria

calmamente, quase com conforto
e tentei trinar
de volta um assobio

ou riso, dançar
aos olhos do bedel sonoro
uns passos moles, frouxos.

Mas já velho e navegado
desejoso apenas de contar
os grãos do chão mais reles

de ler com as mãos
o texto que há nos veios
úmidos da árvore

horizontal, disponível
para autópsia
que encontrei na areia bege

de sentir a umidade
subir por meus cabelos
e o marrom quase da merda

contaminar as folhas verdes
de compreender com o olfato
o signo

líquido
das entranhas
desses cães que idolatro

mas sem querer que em mim tocassem
por apreço ao peso imóvel
dos meus pés e dos meus braços

e ao sono sólido
etário
claro e matemático

em que já tinha mergulhado
com um repouso de pedra
fincada

já sem medo de afundar ou de quebrar-se
– baixei o rosto em estupor
contrariado, como um velho

calvo
colhendo o próprio desagravo.
A chuva amortalhava o céu

num chumbo azul, fosforescente
caindo explícita em meus olhos
lábios, unhas, dentes

e uma água espessa, só, salgada, quase
sêmen, há muito represada
à comporta das minhas pálpebras

bateu e transbordou, meio quente.
Era uma lágrima
minha lágrima, meu único veio

veraz, descendo inevitável
pela cara, minha cara
escorpião amável

onde os olhos dos lagartos
cachorros e siris
que em sonho e com palavras

apascentara longamente
solitários, agora congelados
aprisionados qual bonecos

de piche, ranho ou lava
oferecidos como réplicas
pálidas

à criança cruel da minha arte
sim, em minha lágrima
refletiam todos

e ainda a própria praia
— cada camada
de areia, raiz, veludo ou velório

e os venenos, peixes, paredes
os gritos da minha tia
quando arrancaram seu olho

e a pele flácida
que têm os velhos e os sapos.
Justapostos, alternados, fantasmas

ou parentes, texturas, corpos sólidos
brilhavam invertidos nessa gota
à ponta do meu queixo pendurada

brilhavam numa glória transparente
antes do tombo em que a lançava
seu amor fiel à gravidade.

E quando caiu, afinal
esse espelho enciclopédico
esse sol de mil reflexos

esse lagarto de mil rabos
em que o dia inteiro se explicava
(ao menos eu achava)

misturou-se à areia
fétida
de um perfume onde a vida se mascara.

E a água de uma onda logo veio
somar um sal mais grosso ao dela
voltando a cena ao que já era

praia, praia, praia, praia.

12-09/02-10

Escrevi esses poemas ao longo de quase quatorze anos, com grandes períodos de esquecimento mas sem perdê-los completamente de vista. Achei que devia assinalar as datas. As fotografias foram feitas ao mesmo tempo que eles. Sempre imaginei as duas coisas juntas. O poema 43 utiliza quatro versos de "A máquina do mundo", de Carlos Drummond de Andrade.

CADASTRO
ILUMI*N*URAS

Para receber informações
sobre nossos lançamentos e
promoções envie e-mail para:

cadastro@iluminuras.com.br

Este livro foi composto em tipologia Baskerville,
corpo 11/16, em papel offset 120 gr/m², nas
oficinas da *Meta Gráfica*, em Cotia, SP.